AF224397

L'ERMITE

D'AUTEUIL

AU PEUPLE FRANÇAIS

L'ERMITE

D'AUTEUIL

AU PEUPLE FRANÇAIS

Pourquoi la France monarchique est-elle
devenue la France républicaine?...
Par la faute des souverains.

PAR L'AUTEUR DE *Dieu et l'ouvrier*

PARIS

E. DENTU, LIBRAIRE-ÉDITEUR

PALAIS-ROYAL, 17 ET 19 (GALERIE D'ORLÉANS)

—

1875

L'ERMITE

D'AUTEUIL

AU PEUPLE FRANÇAIS

PETITES LETTRES SUR L'HISTOIRE DE FRANCE

Je suis, ô peuple, un pauvre ermite retiré à Auteuil, dans une villa des plus modestes. Là, je rêve tout à mon aise, loin des bruits de la grande ville. Je rêve à tes misères, à ton avenir, aux moyens de te rendre heureux. Hélas! jusqu'à présent, mes pensées sont restées à l'état de rêves.

Je quitte bien rarement mon ermitage, et cependant je ne suis pas pour toi un homme tout à fait inconnu. J'ai beaucoup écrit depuis 1848. Tous mes écrits ont eu pour but l'amélioration de ta destinée, et le désir de faire ressortir tout ce qu'il y a de généreux dans ton cœur souvent méconnu.

Mes petits ouvrages ont été loués par les hommes les plus opposés d'opinion, non à cause du talent de l'écrivain, mais parce qu'ils respirent l'amour vrai des classes populaires [1].

En 1873, j'ai fait une nouvelle édition d'un de ces ouvrages : *Dieu et l'ouvrier !* Voilà donc près de trente ans que je m'occupe de toi ; voilà mon titre pour te dédier ces Lettres sur l'histoire de France.

Je me hâte de te faire ma profession de foi. Je ne suis pas un républicain de la veille ; mais je le suis très-franchement du lendemain.

En présence des grands événements qui se sont opérés depuis 1848, j'ai la conviction la plus profonde que la république aujourd'hui est le seul gouvernement possible et surtout durable.

1. Émile Deschamps, M. Édouard Dalloz, ancien député du Jura, et même Frédéric Morin._

Pourquoi? C'est que sans être républicains dans le sens attaché jadis à ce mot, nous sommes tous démocrates, c'est-à-dire amis passionnés de la liberté, de l'égalité; ces sentiments, entretenus par la liberté de la presse et par cette mauvaise passion de l'envie qu'excite incessamment en nous la fortune souriante, sont tellement enracinés dans notre être, que tout pouvoir héréditaire, traînant à sa suite des supériorités qui nous blessent, ne peut jamais reposer sur des bases solides.

Et cependant il nous faut un chef. Nous avons trop de bon sens pour ne pas reconnaître que plus on aime la liberté, plus on a besoin d'un gouvernement fort qui nous maintienne dans les voies légales.

C'est en partant de ces idées, qu'après plusieurs années de luttes tu es arrivé, ô peuple! à déclarer en 1875 la république loi de l'État, avec un président dont les fonctions doivent cesser après sept ans d'exercice.

Mais comment se fait-il que la France, jadis si monarchique, soit devenue la France républicaine? La raison de ce changement frappe tous les esprits non prévenus; elle est dans les fautes et les crimes politiques de la plupart des souverains, rois ou empereurs, qui nous ont gouvernés depuis deux cents ans. La nation a appris à lire, elle a refléchi, elle a médité; de là cette transformation.

Or, il m'a semblé qu'il était indispensable, au milieu du trouble et de l'agitation des esprits occasionnés par les événements, de te rappeler l'histoire du passé pour te raffermir dans le principe fondamental et le régime nouveau que tu viens d'adopter. Tel est le but de ces petites lettres que je vais t'adresser successivement [1].

Mais quelle est l'étendue, pourras-tu me dire, ô peuple! que tu entends donner au mot république. Un grand orateur a dit : « La république en France sera sage, mo-

1. En disant que la transformation qui s'est opérée dans les opinions politiques provient des fautes des rois, il est à peine nécessaire de déclarer que nous exceptons le malheureux Louis XVI. — Nous n'entendons pas garder le silence sur les actes si criminels de 93 et de 1871. — Ces faits seront l'objet d'un travail faisant suite à celui-ci.

dérée, ou elle ne sera pas. » C'est ainsi que je la conçois.

Par république, je n'entends pas un gouvernement qui aurait la faiblesse de laisser prise aux excès qui, momentanément, ont égaré depuis un siècle certaines classes du peuple ; mais la république honnête, progressive, sans secousse violente, ayant à sa tête un président et des Chambres renouvelées suivant les prescriptions de la loi fondamentale, et s'occupant constamment à améliorer le sort des classes populaires.

Je te l'ai dit et répété, ô peuple ! plusieurs fois dans mes écrits :

« La vie de ce monde est dure pour toi. Travail pénible, travail qui souvent manque, famille nombreuse à élever, demeures malsaines, nourriture peu substantielle, maladies qui t'enlèvent jusqu'aux petites épargnes amassées à la sueur de ton front, révolutions incessantes dont en définitive tu restes la victime, ou par l'abaissement des salaires, ou par le chômage, et par la perte de ton sang généreux ; que de peines pour toi ! Mais ces souffrances, loin d'abattre des hommes vraiment hommes, doivent relever leur courage. L'homme n'est grand et digne de Dieu, ô peuple ! que quand il lutte contre l'adversité ! »

« Aujourd'hui que la Providence t'a donné tout ce que l'homme citoyen doit désirer, la liberté et l'égalité, ne compromets pas ces biens inestimables par une précipitation inconsidérée et une agitation incessante ; garde-toi surtout de la violence. Dieu a horreur du frère qui verse le sang de son frère. Ne marche jamais qu'avec le droit, avec la loi. »

Voilà les vrais principes.

Ces lettres, que je veux t'adresser, reposent sur des documents historiques incontestés. Je les mettrai successivement sous tes yeux pour que tu te pénètres, ô peuple ! des souffrances qu'ont éprouvées tes pères et que tu peux apprécier par celles dont tu es victime dans notre siècle si tourmenté.

Comme conséquence de mes tableaux, hélas ! trop ressemblants, j'espère que tu reconnaîtras que tu ne peux rester une grande nation qu'en conservant à toujours la république que tu viens de créer.

Un grand capitaine a dit en Égypte à son armée :

« Soldats ! n'oubliez pas que du haut de ces pyramides quarante siècles vous contemplent. » Moi, j'ose te dire, avec moins de grandeur, mais plus de vérité :

« N'oublie pas, ô peuple, que dans ce moment décisif pour ta gloire et pour ton bonheur, le monde entier a les yeux fixés sur toi. »

RÈGNE DE LOUIS XIV

OBSERVATIONS PRÉLIMINAIRES

Quel est ce char funèbre qui sort du palais des rois, traverse Versailles sans pompe aucune, suivi seulement de quelques voitures de deuil?

Ce sont les restes de ce souverain qui fixait les regards du monde entier.

Où va-t-il, cet illustre mort? — Il va reposer pour l'éternité dans la vieille basilique de Dagobert, prendre sur le premier degré de l'escalier des tombeaux la place de son prédécesseur.

Voilà comme la majesté mortelle dispa—

raît devant la majesté immortelle de la mort !

Mais qu'entends-je dans la plaine que le cortége traverse pour arriver à Saint-Denis? — Quels sont ces cris ?

Ce monarque, réputé grand, a épuisé son peuple, en a tiré jusqu'à sa dernière goutte de sang, et ce sang crie vengeance.

La France et Paris surtout, à la nouvelle de la mort du souverain, ont tressailli de joie et d'espérance. — Ce peuple, si long-temps opprimé, ruiné par celui qui disait : « l'État, c'est moi, » — aujourd'hui chante, danse, allume des feux de joie; — et ce mouvement est si général que le célèbre lieutenant de police d'Argenson est obligé de déclarer au duc d'Orléans, régent, qu'il ne peut répondre du populaire, et mainte-nir l'ordre si le char mortuaire traverse la capitale.

Ce populaire, que veut-il donc? — Il veut être sûr que le despote a réellement passé de vie à trépas ; et depuis les premiers jours de septembre où la nouvelle s'est répandue, il bivouaque en quelque sorte dans la plaine

Saint-Denis, devenue tout à coup un champ de foire, où des jeux, des restaurants, des spectacles et baladins de tous genres sont établis.

Le cortége approche.

Et dans ces quelques voitures de deuil, pas un prince du sang, pas un des princes légitimés, pas un des pairs créés par le roi défunt n'apparaît, pas un de ces courtisans qui, courbés sous le maître, attendaient chaque matin dans l'antichambre le lever du prince, et le reconduisaient le soir un bougeoir à la main.

Grands seigneurs, cordons bleus, pairs, courtisans, tous se sont dispensés.

A la vue du cortége, des milliers de cris s'élèvent. — Le peuple se précipite vers le char; il veut le renverser, briser ce cercueil, déchirer ce cadavre. — Quelques soldats parviennent à maintenir la foule. Et c'est à grand'peine que les restes du monarque, insultés, outragés, parviennent à entrer dans la célèbre basilique, étonnée de ces cris et de cet abaissement de la royauté.

Voilà les fruits du despotisme! Voilà le

résultat des guerres sans cesse renaissantes entreprises par le souverain pour satisfaire son ambition et ses rêves de gloire ! Voilà l'effet des charges accablantes imposées à la France par ces mêmes guerres. — Voilà surtout l'effet terrible de l'immoralité d'un prince qui a perverti le sens moral de la nation.

Le peuple obéit ; mais au fond du cœur ses colères s'amoncellent ; et au jour où le soleil est éclipsé [1] elles éclatent en imprécations et en actes de mépris et de vengeance.

Cette colère, cette soif de réaction contre le despotisme et contre les désordres les plus graves devenus publics, quoique fondés, avaient un caractère des plus inquiétants, car elles révélaient l'état d'avilissement dans lequel était tombée la royauté, abandonnée par ceux mêmes qui devaient la soutenir.

Tels furent les adieux de la France à Louis XIV.

Nous examinerons successivement la vie privée et la vie publique de ce souverain.

---

1. La devise de Louis XIV était un soleil.

PREMIÈRE LETTRE

VIE PRIVÉE DE LOUIS XIV

Ces mœurs de l'ancien temps, que certains partis religieux et politiques exaltent à notre époque avec tant d'ardeur, étaient bien dégénérées.

Dès le dix-septième siècle, à partir surtout de la régence d'Anne d'Autriche, ou plutôt de Mazarin, la licence la plus effrénée régnait en despote dans la haute société. — Les romans, les contes de La Fontaine et quelques pièces de Molière, plus que libres, et qui obtenaient un si grand succès, révélaient le goût du public. — Les aventures
....

galantes, le jeu, les femmes, les dettes, tel était l'état psychologique de la cour. — Le grand Condé avait huit millions de dettes.

Au milieu de ce désordre et des fêtes somptueuses que Louis XIV donnait à Saint-Germain et à Versailles surtout, Omer Talon n'hésitait pas à dire au souverain :

« Pour entretenir le luxe de la cour, des millions d'âmes innocentes sont obligées de vivre de pain de son et d'avoine, et de n'espérer autre protection que celle de leur impuissance. — Ces malheureux ne possèdent aucun bien en propriété que leurs *âmes, parce qu'elles n'ont pu être vendues à l'encan.* »

Ces courageux avertissements glissaient sur le cœur sec du souverain, qui, quoique marié depuis un an à peine[1], s'attachait à la poursuite des filles d'honneur de la reine que la duchesse de Navailles surveillait avec un zèle digne d'éloges ; le roi ne pouvait lui

---

1. Louis XIV avait épousé Marie-Thérèse le 9 juin 1660. Elle accoucha du dauphin en décembre 1661, et, dès 1662, Louis XIV était l'amant déclaré de La Vallière. Voir ci-après.

pardonner les précautions qu'elle prenait
pour sauvegarder l'honneur de ces jeunes
filles; il l'exila. — Un jeune roi d'ailleurs
se rit des grilles et des verrous. — Il parvint
jusqu'à La Vallière, dont par hasard il avait
surpris l'affection, et en devint amoureux.

Anne d'Autriche, sa mère, lui fait des
reproches qu'il n'écoute pas. « Je ne veux
pas être maîtrisé, » lui répondit-il froide-
ment. — La Vallière adorait le roi, mais,
chose bien rare ! elle l'aimait pour lui-même,
elle était simple et sans ambition; mais
troublée bientôt par ses remords naissants
et par l'opposition de la reine mère, elle voulut briser ses chaînes dorées. — Louis XIV
ne la voyant pas au sermon non loin de la
reine, se doute des causes de son absence,
quitte l'église, monte à cheval et court à sa
recherche. — Il apprend qu'elle est au couvent, reprend sa maîtresse, malgré les re-
présentations de l'abbesse, et la ramène à la
cour.

Sans égard pour les conseils de sa mère,
et sans crainte de blesser au cœur sa jeune
épouse, il exige de la cour une déférence

marquée pour La Vallière. — Insulte publique à la morale, aux croyances, à la foi conjugale qu'il foule aux pieds, adultère flagrant : voilà les débuts de ce jeune souverain marié depuis deux ans à peine.

Exemple terrible, et qui fut dès ce moment imité par la cour et par la ville. Le roi, pour plaire au beau sexe et surtout à sa maîtresse, donne dans ses palais, à Saint-Germain, à Versailles, les fêtes les plus remarquables, parmi lesquelles on signale la fête restée célèbre sous le nom de Plaisirs de l'île enchantée, fête illustrée par nos grands poëtes.

Malgré la publicité de ses relations criminelles, Louis et La Vallière s'étaient efforcés de cacher les fruits de ce désordre.— A peine si l'on connut les deux premiers accouchements de La Vallière, dont les enfants moururent très-jeunes. — Mais après la mort d'Anne d'Autriche, Louis XIV ne crut pas devoir se contraindre comme il l'avait fait jusqu'alors. — Un troisième enfant était né, qui fut plus tard la princesse de Conti. Le roi voulant assurer à cette fille l'honneur de sa naissance et donner à la mère un établissement en rapport avec l'affection qu'il avait pour elle depuis six ans (ce sont ses expressions), envoya un édit au Parlement (mars 1667), par lequel il reconnaît comme sa fille naturelle, Marie-Anne de Bourbon.

Deux mois après (mai 1667), nouvelle ordonnance, également enregistrée au Parlement. — Il donne à sa chère et bien-aimée et très-féale Louise-Françoise de La Vallière des terrains en Touraine et en Anjou, que, de son autorité souveraine, il érige en duché-pairie, et créé sa maîtresse duchesse de La Vallière avec réversibilité sur sa fille.

Dans les considérants de l'ordonnance il est dit :

« Que les bienfaits des rois étant la marque extérieure du mérite de ceux qui les reçoivent, et le plus glorieux éloge des sujets qui en sont honorés.... une affection très-singulière, l'estime et la justice, ne permettaient plus au roi de différer les témoignages de sa reconnaissance pour un *mérite qui lui était si connu*, » et le roi ajoute :

« Le tout communiqué aux princes de notre sang et plus notables personnages de notre Conseil[1]. »

Ainsi, toutes les idées de morale, de foi conjugale et d'honneur étaient mises de côté par le souverain.

« Qui eût pensé, dit un de nos meilleurs historiens, qu'un amour si résolu ne dût pas être durable ? — Mais il est de la justice de Dieu que l'homme infidèle à ses devoirs ne soit pas fidèle à ses passions. » — Au bout de quelques mois, ces engagements si solennels étaient rompus par un autre entraînement.

Au moment même où la belle La Vallière jouissait de cet amour si passionné, et de son triomphe (juillet 1667), elle était supplantée par la marquise de Montespan.

Cette marquise couchait dans une cham-

---

1. Voir aux Archives nationales le texte de l'ordonnance, et M. Gaillardin, *Histoire de Louis XIV*, t. III, p. 571. — Louis XIV s'était marié en juin 1660, et, dans l'édit de 1667, il ne craint pas de déclarer qu'il est en relation avec La Vallière depuis six ans ; par conséquent, il s'est rendu coupable d'adultère un an ou deux au plus après son mariage.

bre qui faisait partie de l'appartement de Mme de Montausier, non loin de celle du roi ; le roi allait la trouver souvent dans cette chambre — et la reine se plaignait de ce que son royal infidèle ne rentrait pour se coucher qu'à quatre heures du matin [1].

La nouvelle maîtresse ne ressemblait en rien à la modeste La Vallière. — Son succès, quoique naissant, se révélait déjà par son arrogance.

Le roi fortifia tous les soupçons en nommant M. de Montausier gouverneur du dauphin. — Et trois mois après, Mme de Montespan mettait au monde un enfant qui, le jour même de sa naissance, a été qualifié de duc du Maine [2].

Le roi voulant prouver que cet enfant était le fruit de ses œuvres, envoya au Châtelet un acte pour qu'on prononçât immédiatement la séparation de corps et biens de M. et de Mme de Montespan. Ce qui eut lieu. M. de Montespan arrive à Paris, il éclate

1. Gaillardin, t. III, p. 570.
2. Gaillardin, t. III, p. 572.

contre sa femme et contre le souverain. — On lui enjoint de se taire, ou qu'on le fera arrêter [1].

En vérité, quand on lit dans des livres d'histoire produits d'œuvres d'historiens les plus recommandables des faits de ce genre, le livre tombe des mains ; et l'on se demande si c'est en France, au dix-septième siècle, que tout ce que nous rapportons ici s'est réellement passé.

Hélas ! il n'est que trop vrai ; la notion du juste et du vrai, l'honneur, avaient déserté de la cour dans la personne même du souverain ; et le mauvais exemple parti du trône va étendre si promptement son influence épidémique qu'on est presque aussitôt effrayé de voir ce nombre prodigieux d'adultères et de désordres de tous genres, qui vont se produire dans les plus grandes familles de la cour.

Mais, chose déplorable ! l'hypocrisie dans le souverain va s'unir habilement au crime d'adultère.

---

1. Gaillardin, t. IV, p. 562.

La Vallière délaissée se retire brusquement au couvent de Sainte-Marie de Chaillot. — Colbert, dont la femme élevait secrètement leurs enfants, alla par ordre du roi chercher la fugitive et la ramena à Versailles. Le roi causa pendant une heure avec elle et, touché de son affection extrême, cherchait à se justifier et pleurait, lorsque Mme de Montespan entre, va au-devant de La Vallière, les larmes aux yeux, les bras ouverts : les femmes pleurent si facilement ! Tout est oublié et La Vallière se trouve rétablie à la cour. — C'était une véritable et bien triste comédie!... — En apparence, c'était pure affection du roi avec ses maîtresses et des maîtresses entre elles ; il les emmenait ensemble à la chasse, assis au milieu d'elles, sur le même siége, même dans les voyages d'apparat ; le ministre de la guerre, Louvois, était chargé de régler leurs logements.

En 1671, au voyage de Flandre, les populations instruites des amours du roi (car en fait de racontage dans les campagnes, les langues des femmes allaient déjà aussi vite que nos fils électriques), ces populations, en voyant passer devant elles Marie-Thérèse, La Vallière et Montespan, au milieu d'honneurs semblables, les appelaient les trois reines.

Les premiers enfants de Mme de Montespan avaient été élevés en secret par Mme Scaron, comme les enfants de Mme de La Vallière par Mme Colbert; Louis XIV, subjugué par la beauté et l'habileté de la marquise, se mit au-dessus des propos du public; et en décembre 1673, il envoya au Parlement des lettres patentes, pour reconnaître et légitimer ses bâtards doublement adultérins; — il y avouait sa tendresse pour ses jeunes enfants, et « beaucoup d'autres raisons, qui, est-il dit dans les lettres, augmentaient considérablement en lui ces sentiments, et dans l'espoir qu'ils répondraient à la grandeur de leur naissance, il entendait et voulait qu'ils fussent nommés :

« Louis-Auguste, duc du Maine ;

« Louis-César, comte du Vexin ;

« Louise-Françoise, Mademoiselle de Nantes ;

qu'il leur fût possible de posséder dans le royaume, tout ainsi que s'ils étaient nés en vrai et loyal mariage. »

La marquise alors s'enhardit à montrer ces jeunes enfants, et, chose étonnante ! on les conduisit chez la reine.

La Vallière, dès ce moment, ne pouvait plus douter de sa honteuse situation, et aussitôt, d'après les conseils de Bossuet, elle se retira chez les carmélites (avril 1674), où elle accomplit cette pénitence simple et sincère qui l'a purifiée devant la conscience publique.

Mme de Montespan crut n'avoir plus de rivale à redouter ; elle était plus arrogante que jamais, et toute la cour était à ses pieds.

Cependant, elle eut un jour de trouble et d'inquiétude terrible. Bossuet, révolté de voir le souverain communier au milieu de relations coupables, ne craignit pas (en 1675) de faire des observations à Louis XIV, et le souverain, s'inclinant un instant devant cette puissante parole, promit formellement de ne plus avoir de relations avec la marquise. Mais promesses de ce genre, même les plus sincères au moment où elles sont données, ne durent presque toujours qu'un ou deux soleils, et la marquise était plus puissante que jamais [1].

Pendant l'expédition du Limbourg, au milieu des camps, sa belle maîtresse est toujours présente à ses yeux ; il écrit à Colbert de faire tout ce que Mme de Montespan voudra (du camp de Gembloux, 29 mai 1675 — du camp de Latine, 5 juin), et l'on continue à élever le château de Clagny, qui bientôt va devenir le palais d'Armide [2].

Bossuet de nouveau réclame l'exécution des promesses qu'on lui a faites. Le roi assure qu'il a l'intention de s'en tenir à la simple amitié. Mais les dépenses continuent et s'élèvent à près de deux millions.

Plus que jamais la marquise avait vaincu Bossuet, et pour que les courtisans ne pussent concevoir aucun doute sur son triomphe, au jeu du roi (1677), en présence de toute la cour, elle appuya, dit Mme de Sévigné,

---

1. Gaillardin, t. IV, p. 558.
2. Gaillardin, t. IV, p. 559, 560.

sa tête sur l'épaule du roi, pour dire : « Je suis toujours la souveraine. »

Et, en effet, dans ses voyages, elle allait en calèche à six chevaux, suivie d'un carrosse attelé de même, de deux fourgons, de six mulets, de dix à douze hommes à cheval, sans compter les officiers. C'était un train de quarante-cinq personnes : c'était bien en réalité la souveraine. Ceci avait lieu en 1677[1].

Mais dans la vie humaine, et surtout dans la vie des cours, le ciel n'est pas toujours sans nuages. Le souverain devint légèrement inconstant; il fut pris de caprice pour une demoiselle du Ludre, dont les enfants furent tout à coup traités comme des princes[2]. La marquise éprouvait des inquiétudes mortelles; de là des larmes, des reproches, des bouderies, puis des raccommodements.

La marquise eut encore trois enfants (1677, 1678), qui furent reconnus comme les précédents :

Mademoiselle de Tours;

1. Gaillardin, t. IV, p. 564 à 564. — 2. *Idem*.

Mademoiselle de Blois, qui épousa le duc d'Orléans, qui devint le régent sous Louis XV;

Et un fils, qui fut le comte de Toulouse.

Mais, nouveau coup de théâtre en 1679. Mme de Montespan se trouve supplantée par une demoiselle de Fontanges, belle comme un ange, disent les historiens. Le monarque amoureux la couvrit d'or, de cadeaux, de diamants; lui donna un carrosse à huit chevaux, un service de campagne en vermeil, une gratification de 10,000 louis! — Et le peuple!... Il s'agit bien du peuple en présence de la belle des belles.

La marquise contenait sa fureur; et pour comble de ruse et de bassesse, pour regagner l'infidèle, elle se faisait la servante de l'infidélité; elle parait elle-même de ses propres mains sa rivale pour les bals de la cour[1]. Tout à coup, Mlle de Fontanges fut atteinte d'une maladie grave et mourut[2]; et

1. *Histoire de Louis XIV* par M. Gaillardin, t. IV, p. 567.
2. *Idem.* Mlle de Fontanges mourut par suite d'une couche. Le bruit a couru qu'elle avait été empoisonnée; mais les preuves manquent.

Mme de Sévigné, qui, à ce qu'il paraît, ne l'aimait pas, écrit à sa fille : « La belle Fontanges est morte, *sic transit gloria mundi.* »

Mme de Montespan se regarde de nouveau comme triomphante. — Vain espoir! — Son règne est passé; celui de Mme de Maintenon va commencer et durer, comme celui de Mme de Montespan, plus de vingt ans, pour le malheur de la France.

Et, au milieu de toutes ces années de désordre que devient la noble et vertueuse reine de France?

Elle gémit, elle verse d'abondantes larmes, elle prie pour son coupable époux.

Et le peuple? Le peuple! — il regarde stupéfait s'élever tous ces palais qu'il paye. Le peuple affamé regarde aux vitres de ces salons dorés. — Il se tait, mais il rêve; il médite.... il médite 89!

NOTES

—

Page 20

*Note sur la fête désignée par les historiens sous
le titre de Plaisirs de l'île enchantée.*

Cette fête, dont on a conservé la description officielle (mai 1664), égale au moins ce qu'on raconte des scènes féeriques, du machinisme surprenant, des éblouissants costumes, des repas gigantesques de la Cour de Bourgogne si considérable au quinzième siècle par sa richesse. — Elle dura huit jours. Plus de six cents personnes y furent traitées aux frais du roi, sans compter une infinité de gens nécessaires à la comédie et d'artisans de toute sorte venus de Paris. — Tout y était merveilleux, — aux trompettes des habits de satin, et des soleils d'or à leurs banderoles ; aux chevaliers, des habits de toile d'argent, et des broderies d'or et de jais. Au roi, une cuirasse de lames d'argent et des broderies d'or et de diamants.

Au défilé qui précéda la course des Bagues, un char de dix-huit pieds de haut, de vingt et un de long, de quinze de large, éclatant d'or et de diverses couleurs. Apollon assis au plus haut du char avec les quatre âges à ses pieds. — Sur les côtés, les douze heures et les douze signes du zodiaque. — Au ballet du soir, le Printemps sur un cheval d'Espagne, l'Été sur un éléphant, l'Automne sur un chameau, l'Hiver sur un ours. — Derrière, quatre groupes de jardiniers, de moissonneurs, de vendangeurs, de vieillards gelés sous leurs fourrures, représentant par ces attributs chaque saison; enfin Pan et Diane sur une montagne ombragée d'arbres, qui se soutenait en l'air et s'avançait toute seule.

Les trois premiers jours furent vraiment les plaisirs de l'île enchantée. — Roger, le Roi, et ses chevaliers captifs des charmes d'Alcine et mis par elle à la disposition des deux reines, avaient commencé par courre la bague pour l'amusement de Leurs Majestés. — Le lendemain, ils jouèrent *la Princesse d'Élide*, de Molière; le troisième jour, ils attaquèrent le château d'Alcine construit au milieu du grand étang, et, après une lutte incertaine contre les géants et les nains, au moment où Roger, armé de la bague libératrice, décidait de la victoire, un coup de tonnerre annonça la ruine du palais qui éclata en feux d'artifice.

« La hauteur et le nombre des fusées volantes, celles qui roulaient sur le rivage, et celles qui ressortaient de l'eau après s'y être enfoncées, faisaient un spectacle si grand et si magnifique que rien ne pouvait mieux terminer les enchantements. »

Ces enchantements sont admirables et même bons, mais seulement dans le cas où le souverain peut dire comme Henri IV : « Je veux que le peuple ait la poule au pot. » Hélas ! quelle différence entre 1595 et 1664 !

Le 10 mai, le roi voulut courre les têtes; il y remporta le prix : une bague de diamants d'une grande valeur donnée par la reine. Il la redonna libéralement à courre aux autres chevaliers.

Les jours suivants furent remplis par une visite à la ménagerie des oiseaux, dont le roi fit les honneurs aux dam ; par la comédie des *Fâcheux*, par la loterie composée de pierreries, d'argenterie, etc., par les trois premiers actes du *Tartufe*, et une première représentation du *Mariage forcé* termina les réjoüissances du 13 mai[1].

Nous venons de dire ci-dessus que ces plaisirs n'étaient bons que quand le peuple pouvait mettre la poule au pot. Et Colbert, la probité incarnée, n'était pas loin de partager cette opinion; inquiet du luxe et des tendances de Louis XIV, après beaucoup d'hésitations, il se décide à parler.

« L'ordre de Votre Majesté, mon cœur rempli d'amour et de zèle pour sa gloire me donnent la hardiesse de lui par-ler. Je me confie en sa haute vertu, en l'ordre qu'elle nous a souvent donné et réitéré de l'avertir au cas qu'elle allât trop vite, etc.

« Versailles, dit-il au roi, regarde bien davantage le divertissement de Sa Majesté que sa gloire. Il faut prendre garde que les plaisirs ne préjudicient à cette gloire qu'il ambitionne.

« Si Votre Majesté veut bien chercher dans Versailles les cinq cent mille écus qui y ont été dépensés depuis deux ans (6 à 8 millions), elle aura certainement peine à les trouver.... Et pendant qu'elle a dépensé de si grandes sommes dans cette maison, elle a négligé le Louvre. O quelle pitié

1. Tout ce que nous venons d'écrire sur la fête enchantée est extrait de la relation officielle et de l'ouvrage de M. Gaillardin, t. III, p. 284 et suivantes.

que le plus grand roi, et le plus vertueux, de la véritable
vertu qui fait les grands princes, fût mesuré à l'aune de
Versailles, et pourtant il y a lieu de craindre ce malheur[1]. »

Il paraît qu'à cette époque, l'adultère, dans la personne
d'un roi, ne faisait pas ombre à sa vertu. Étrange doctrine
de Colbert! Nous avons dit plus haut que c'était Mme Colbert qui élevait les enfants de La Vallière.

OBSERVATION.

Page 15. Suivant A. Dumas, le jeune prince de Condé
était dans une voiture de deuil.

1. Mémoire de Colbert au roi, du 28 septembre 1665 et du
22 juillet 1665. Voir les développements dans M. Gaillardin, t. III,
p. 287.

Typographie Lahure, rue de Fleurus, 9, à Paris.

www.ingramcontent.com/pod-product-compliance
Lightning Source LLC
Chambersburg PA
CBHW061352050726
47595CB00005B/2207